Bibliothèque fiscale Dalloz

SUPPLÉMENT

AU

TRAITÉ PRATIQUE

DE

L'IMPOT PROGRESSIF DES SUCCESSIONS

EN FRANCE ET EN ALGÉRIE

au courant de la Jurisprudence et des Lois du 22 mars 1924
du 13 juillet 1925 et du 3 août 1926

PAR

Emmanuel BESSON

DIRECTEUR HONORAIRE DE L'ENREGISTREMENT
DU DÉPARTEMENT DE LA SEINE
Lauréat de la Faculté de Droit de Paris (PRIX ROSSI DE 1893)

PARIS

LIBRAIRIE DALLOZ

11, RUE SOUFFLOT, 11

1928

SUPPLÉMENT

AU

TRAITÉ PRATIQUE DE L'IMPOT PROGRESSIF

DES SUCCESSIONS

Bibliothèque fiscale Dalloz

SUPPLÉMENT

AU

TRAITÉ PRATIQUE

DE

L'IMPOT PROGRESSIF DES SUCCESSIONS

EN FRANCE ET EN ALGÉRIE

au courant de la Jurisprudence et des Lois du 22 mars 1924
du 13 juillet 1925 et du 3 août 1926

PAR

Emmanuel BESSON

DIRECTEUR HONORAIRE DE L'ENREGISTREMENT
DU DÉPARTEMENT DE LA SEINE
Lauréat de la Faculté de Droit de Paris (PRIX ROSSI DE 1893)

PARIS

LIBRAIRIE DALLOZ

11, RUE SOUFFLOT, 11

1928

SUPPLÉMENT

AU

TRAITÉ PRATIQUE DE L'IMPOT PROGRESSIF

DES SUCCESSIONS

Ce supplément, au courant de la jurisprudence la plus récente, présente le commentaire des nombreuses modifications ou dispositions additionnelles introduites, depuis 1920, dans le statut fiscal des successions, notamment par les lois du 29 juin 1920 (D. P. 1923. 4. 79), du 30 avril 1921 (D. P. 1923. 4. 153), du 16 juillet 1921 (D. P. 1921. 4. 301), du 31 décembre 1921 (D. P. 1923. 4. 41), du 31 mars 1922 (D. P. 1923. 4. 32), du 12 juillet 1922 (D. P. 1923. 4. 6), du 5 décembre 1922 (D. P. 1923. 4. 333), du 30 juin 1923 (D. P. 1924. 4. 81), du 22 mars 1924 (D. P. 1924. 4. 148), du 29 avril 1925 (D. P. 1926. 4. 15), du 13 juillet 1925 (D. P. 1925. 4. 281), du 4 avril 1926 (D. P. 1926. 4. 145), du 29 avril 1926 (D. P. 1926. 4. 209), du 3 août 1926 (D. P. 1926. 4. 297) et du 19 décembre 1926 (B. L. D. 1926, p. 884). Pour éviter des répétitions inutiles, on a suivi aussi rigoureusement que possible l'ordre des matières traitées dans le corps de l'ouvrage, en inscrivant en regard de chaque article du supplément le numéro du paragraphe du *Traité* qu'il complète ou modifie.

34. Usufruit légal du conjoint survivant. Extension. Loi du 29 avril 1925. — Complétant la mesure inaugurée en cette matière par la loi du 9 mars 1891 (D. P. 91. 4. 17), une loi du 29 avril 1925 (D. P. 1926. 4. 15), due à l'initiative de M. le député Ernest Lafont, a modifié dans les termes suivants les dispositions de l'article 767 du Code civil relatives au droit d'usufruit. du conjoint survivant sur l'hérédité de l'époux prédécédé :

« Le conjoint survivant non divorcé, qui ne succède pas à la pleine propriété et contre lequel n'existe pas de jugement de séparation de corps passé en force de chose jugée a, sur la succession du prédécédé, un droit d'usufruit qui est :

« D'un quart, si le défunt laisse un ou plusieurs enfants issus du mariage ;

« D'une part d'enfant légitime le moins prenant, sans qu'elle puisse excéder le quart, si le défunt a des enfants nés d'un précédent mariage ;

« De moitié, si le défunt laisse des enfants naturels ou descendants légitimes d'enfants naturels, des frères et sœurs, des descendants de frères et sœurs ou des ascendants ;

« De la totalité dans tous les autres cas, quels que soient le nombre et la qualité des héritiers. »

Ainsi que le fait remarquer l'Administration, ce nouveau texte n'apporte aucun changement aux droits de l'époux survivant, lorsque le défunt laisse des descendants légitimes, des enfants naturels, ou descendants légitimes d'enfants naturels, des frères et sœurs, des descendants de frères et sœurs ou des ascendants. Mais, dans tous les autres cas, l'usufruit, au lieu de se limiter à la moitié des biens héréditaires, portera désormais sur la totalité de ces biens (*Instr. Enreg.* du 9 juin 1925, nᵒ 5856). Pour la formation de la masse sur laquelle se calcule cet usufruit, on se réfère aux explications présentées sous le nᵒ 430 du *Traité.* L'époux survivant a d'ailleurs la faculté de s'affranchir du payement des droits de mutation par décès, en renonçant à l'usufruit que lui confère l'article 767 ci-dessus transcrit. Ajoutons que, par dérogation à la règle générale commentée nᵒˢ 66 et suivants du *Traité,* l'Administration n'exige pas que cette renonciation se fasse par acte au greffe ; elle tient pour valable une renonciation par acte notarié (Délib. 24 mars 1892 et Sol. 1ᵉʳ avril 1892, J. E. 23.910 ; Dalloz, *Nouveau Code civil annoté,* art. 767, nᵒ 210 ; — conf., en matière civile, Dijon, 15 avril 1907, D. P. 1909. 2. 210). — V. *infra,* nᵒ 746.

64. Renonciation à succession non encore intervenue. Exigibilité de l'impôt. — Conformément à la doctrine exposée sous ce paragraphe du *Traité*, il a été jugé que le légataire à titre particulier, personnellement tenu des droits de mutation, doit être réputé acceptant, tant qu'il n'a pas expressément renoncé, nonobstant les réserves qu'il a pu faire à cet égard (Cass. req. 26 juillet 1922, *Instr. Enreg.* 3755-4).

65. Renonciation à succession. Minimum du droit de mutation exigible des bénéficiaires de la renonciation. — Pour fermer la voie aux évasions fiscales, peut-être plus hypothétiques que réelles, qui se pratiqueraient sous le couvert de renonciations à successions ou legs en faveur d'héritiers parents du défunt à un degré plus rapproché que celui du renonçant, l'article 51 de la loi du 13 juillet 1925 (D. P. 1925. 4. 281) dispose ce qui suit :

« En cas de renonciation à une succession, à un legs ou à une donation, le droit de mutation par décès exigible sur les biens qui, par l'effet de la renonciation adviennent aux héritiers, donataires ou légataires acceptants, ne peut pas être inférieur à celui qui aurait été dû par le renonçant, s'il avait accepté. »

Ce texte ne déroge point au principe suivant lequel l'héritier renonçant ne doit pas l'impôt de mutation par décès. Les droits applicables aux biens héréditaires faisant l'objet de la renonciation restent, comme par le passé, à la charge exclusive des bénéficiaires de cette renonciation. Mais, tandis que, sous le régime antérieur, ces droits étaient toujours perçus au taux réglé par le degré de parenté qui unissait le défunt aux héritiers profitant de la renonciation, ils ne pourront désormais être inférieurs à ceux que l'héritier ou légataire renonçant aurait personnellement acquittés s'il avait accepté (*Instr. Enreg.* 3860-16).

Comme on le voit, cette innovation devient sans objet toutes les fois que le renonçant aurait eu à acquitter des droits moins élevés que ceux incombant aux bénéficiaires de sa renonciation. Elle comporte d'ailleurs deux exceptions spécifiées par l'article 51 de la loi précitée, la première en faveur des héritiers en ligne directe, la seconde à l'égard des départements, communes, établissements publics et autres collectivités ayant droit, d'après la distinction établie au n° 710 du *Traité*, soit au tarif atténué de 9 p. 100 en principal en vertu de l'article 19 de la loi du 25 février 1901 (D. P. 1901. 4. 33), soit aux quotités réglées par l'article 10 de la loi du 8 avril 1910 (D. P. 1910. 4. 105). Dans l'un et l'autre cas, les droits exigibles sur les biens faisant l'objet de la renonciation doivent être déterminés exclusivement par le tarif afférent à la ligne directe ou à la collectivité appelée au bénéfice de la renonciation (*Instr. Enreg.* 3860).

Enfin, la règle nouvelle édictée par l'article 51 de la loi du 13 juillet 1925 gouverne rétroactivement les successions ouvertes avant sa promulgation, dès lors que la renonciation a eu lieu postérieurement (*ibid.*).

111. Militaires ou civils disparus. Tarif applicable. — C'est la date du décès indiquée dans le jugement déclaratif qui détermine le tarif applicable. Si ce jugement est intervenu après la déclaration, il ouvre le droit à restitution de l'impôt perçu en trop par suite de la différence des tarifs, dans un délai de cinq ans à compter du payement des droits (Décis. min. fin. 17 mars 1922, *Instr. Enreg.* 3736-27).

112. Legs de libération. — Donne ouverture au droit de mutation par décès la disposition par laquelle le testateur fait remise à son débiteur de la dette de celui-ci, du moment où l'existence de la créance au jour du décès du testateur est constatée dans un inventaire (Cass. req. 26 juillet 1922, *Instr. Enreg.* 3755-4).

117. Legs universel non susceptible d'exécution. Légataire en deuxième ligne tenu des droits. — Lorsque le legs universel fait en première ligne au profit de la veuve et des enfants du *de cujus* ne peut pas être exécuté en France, à cause de la filiation illégitime de ceux-ci et n'est valable qu'à l'égard des biens ayant leur assiette à l'étranger, la sœur du défunt, instituée en seconde ligne, bénéficiant, seule, du testament en ce qui concerne les biens en territoire français, est personnellement passible des droits de mutation par décès applicables à cette dernière transmission (Cass. civ. 20 décembre 1920, *Inst. Enreg.* 2720-7).

137. Successions des victimes de la guerre. Étendue de l'exonération. Lois du 29 juin 1920 et du 28 juillet 1921. — Aux termes de l'article 17 de la loi du 29 juin 1920 (D. P. 1923. 4. 79, *Instr. Enreg.* 3645), l'exemption d'impôt accordée par l'article 6 de la loi du 26 décembre 1914 aux parts héréditaires recueillies par les ascendants, les descendants et la veuve du défunt dans les successions des victimes de la guerre est acquise aux ayants droit de toute personne tuée ou décédée dans les conditions déterminées par l'article 2 de la loi du 24 juin 1919 (D. P. 1920. 4. 241). Or, d'après ce dernier article, modifié par la loi du 28 juillet 1921 (*J. off.* du 2 août 1921, *Instr. Enreg.* 3703-6), sont réputés causés par des faits de guerre et ouvrent le droit à l'immunité dont il s'agit : les décès occasionnés soit par les blessures reçues au cours des opérations, soit par des actes de violence de l'ennemi ; la mort provoquée, même après la fin de la guerre, par des explosions de projectiles, des éboulements ou tous autres accidents pouvant se rattacher aux événements de la guerre (*Instr. Enreg.* 3703-6).

Ajoutons que M. Fould vient de déposer, le 12 juillet 1927, avec avis favorable, au nom de la commission des finances de la Chambre, son rapport sur un projet de loi accordant, sur l'actif net des successions des militaires tués au Maroc, en Syrie ou sur les autres théâtres des opérations extérieures, un abattement de base de 30.000 francs, exonéré du droit de mutation par décès, et une exemption totale pour celles de ces successions qui n'excèdent pas 30.000 francs (n° 4843, *J. off.* du 13 juillet 1927. *Débats*, p. 2605).

137-1. Infirmière bénévole. Maladie contractée pendant la guerre. — La qualité de militaire n'appartient pas aux infirmières bénévoles ; par conséquent, lorsqu'une de ces infirmières est décédée des suites d'une maladie épidémique contractée pendant la guerre de 1914, sa succession ne saurait bénéficier de l'exemption du droit de mutation par décès accordée aux successions de militaires par l'article 6, n°s 1 et 2, de la loi du 26 décembre 1914. Cette solution, très juridique, mais peu équitable, résulte d'un arrêt de la ch. civ. de la Cour de cassation du 3 mai 1927 (D. H. 1927, n° 22, p. 335).

145 *bis*. **Autres exemptions. Legs aux départements envahis. Loi du 31 mars 1922.** — La loi du 31 mars 1922 (D. P. 1923. 4. 32) dispense, par son article 9, de tout droit de mutation jusqu'au 31 décembre 1927, les dons et legs aux communes et départements envahis ou situés sur la ligne de feu, affectés par la volonté expresse du testateur ou donateur à des œuvres de reconstitution par suite de dommages de guerre. Seuls les legs se rapportant à des successions ouvertes à la date extrême du 31 décembre 1927 bénéficient de cette exonération. Les établissements publics en sont exclus (*Instr. Enreg.* 3729).

1. *Legs affectés à l'érection de monuments aux morts de la guerre.* — L'article 12 de la loi de crédits du 30 juin 1923 (*J. off.* du 1er juillet 1923) affranchit des droits de mutation les legs faits, en vue de l'érection de monuments aux morts de la guerre ou à la gloire de nos armes, aux départements, communes, établissements publics ou d'utilité publique, aux sociétés particulières ou autres groupements régulièrement constitués. Mais l'exemption n'est applicable qu'autant que la libéralité est affectée par la volonté expresse du testateur au but spécifié par la loi et elle se restreint au droit de mutation proprement dit, sans pouvoir être étendue à la fraction de taxe successorale afférente au legs fait à la collectivité. Il n'en serait autrement que si la taxe successorale incombait à la collectivité gratifiée, en tant que légataire universelle ou à titre universel (*Instr. Enreg.* 3784).

2. *Legs d'œuvres d'art aux départements, communes et établissements publics.* — Élargissant la formule de l'article 33 de la loi du 25 juin 1920 (D. P. 1920. 4. 281), l'article 24 de la loi du budget du 30 juin 1923 (D. P. 1924. 4. 81) exempte

des droits de mutation par décès les legs d'œuvres d'art, de monuments ou d'objets ayant un caractère historique, de livres, d'imprimés ou de manuscrits faits aux départements, aux communes et aux établissements pourvus de la personnalité civile, si ces œuvres et objets sont destinés à figurer dans une collection publique. Cette destination est une condition de rigueur. Pour avoir droit à l'immunité, il faut que les objets légués présentent un intérêt artistique ou documentaire de nature à motiver leur conservation dans un musée, une bibliothèque ou toute autre collection ouverte au public.

D'autre part, l'immunité ne s'applique qu'au droit de mutation par décès, à l'exclusion de la taxe successorale, qui demeure dès lors exigible, lorsque la libéralité s'adresse à une collectivité autre qu'un département, une commune ou un établissement public (*Instr. Enreg.* 3784, p. 21).

Quant à l'application du tarif réduit de 9 p. 100 (10,80 p. 100 décimes compris) prévu par les mêmes textes à l'égard des legs de sommes d'argent ou d'immeubles aux départements, aux villes et aux établissements publics, en vue de l'achat d'œuvres d'art, V. *infrà*, n° 720-1.

3. *Sociétés coopératives de reconstruction. Loi du 12 juillet* 1921. — Complétant les dispositions de la loi du 15 août 1920 (D. P. 1921. 4. 201), la loi du 12 juillet 1921 (D. P. 1921. 4. 210, *Instr. Enreg.* 3703) exonère, par son article 13, de tous droits d'enregistrement les libéralités, dons ou legs, faits aux unions et aux sociétés coopératives de reconstruction approuvées.

151. Successions importantes. Déclaration en double. Loi du 29 avril 1926. — Dans le but de faciliter au service des contributions directes le contrôle de l'impôt général sur le revenu, l'article 12 de la loi du budget du 29 avril 1926 (D. P. 1926. 4. 209) dispose que les déclarations de mutation par décès seront désormais établies et déposées en double exemplaire, lorsque l'actif net successoral atteindra 100 000 francs. L'actif net à envisager ici est celui qui sert de base à la liquidation de l'impôt, compte tenu des reprises, des récompenses et du passif successoral. Les deux exemplaires de la déclaration, remis au bureau de l'Enregistrement lors du payement du droit de mutation, doivent être identiques, établis sur les formules imprimées réglementaires, et revêtus des mêmes signatures, précédées de l'affirmation prescrite par l'article 7 de la loi du 18 avril 1918 (n° 155 du *Traité*). Toutefois les formules spéciales aux immeubles situés en dehors de la circonscription du bureau continueront à être rédigées en simple exemplaire.

Les doubles des déclarations, émargés de la date, du numéro et du montant de la recette des droits payés par chacun des héritiers, sont transmis mensuellement aux directeurs des Contributions directes par leurs collègues de l'Enregistrement (*Instr. Enreg.* 3901, § 21).

205. Régions dévastées. Prorogation du délai des déclarations. Loi du 31 décembre 1922. — Le délai pour déclarer les successions ouvertes dans les régions libérées avait été successivement prorogé au 31 décembre 1920 par l'article 7 de la loi du 29 juin 1920 (D. P. 1923. 4. 79, *Instr. Enreg.* 3645) et jusqu'au 31 mars 1921 par l'article 62 de la loi du 31 décembre 1920 (*Instr. Enreg.* 3671-5). Coordonnant ces dispositions fragmentaires en une formule plus précise et mieux adaptée, par son ampleur, aux exigences de la situation, l'article 2-1° de la loi du 16 juillet 1921 (D. P. 1921. 4. 301) fixa pour les successions dévolues entre le 1er février 1914 et le 17 juillet 1922, sur le territoire des communes envahies ou situées sur la ligne de feu, un délai unique de dix-huit mois, prenant fin le 17 janvier 1923. Dans la pensée d'activer le recouvrement de l'impôt, l'article 23 de la loi du 31 décembre 1921 (D. P. 1923. 4. 49) accorda aux contribuables qui se libéreraient avant l'échéance du 17 janvier 1923, un escompte applicable à l'ensemble des droits exigibles, au taux de 0,50 p. 100 par mois restant à courir jusqu'à cette date (*Instr. Enreg.* 3721-3). Mais cette mesure resta à peu près illusoire : une loi du 12 juillet 1922 ayant organisé sur de nouvelles bases l'évaluation des biens héréditaires détruits ou endommagés par des faits de guerre (D. P. 1923. 4. 6, *Instr. Enreg.* 3751), la plupart des intéressés se virent dans l'impossibilité de préparer leurs déclarations avant l'expiration du délai imparti. De là la nécessité d'une nouvelle prorogation que l'article 11 de la loi du 31 décembre 1922 (D. P. 1923. 4. 274) a réalisée et échelonnée ainsi qu'il suit :

« Le délai de déclaration des successions ouvertes dans les territoires délimités par le décret du 5 octobre 1921 est prorogé, savoir : 1º jusqu'au 17 juillet 1923 pour les successions ouvertes entre le 1ᵉʳ février 1914 et le 31 décembre 1918 inclus ; — 2º jusqu'au 17 novembre 1923 pour les successions ouvertes entre le 1ᵉʳ janvier 1919 et le 31 décembre 1922 inclus ; — 3º jusqu'au 17 janvier 1924, pour les successions ouvertes entre le 1ᵉʳ janvier et le 16 juillet 1923 inclus. »

223-1. Payement par acomptes semestriels. Taxe successorale. — Pour la détermination du nombre des versements semestriels, il y a lieu de comprendre la taxe successorale dans le montant des droits simples à comparer avec la valeur imposable des parts nettes recueillies, soit par tous les cohéritiers, soit par chacun des légataires (*Instr. Enreg.* 3645, p. 12).

236. Garantie des droits différés. Constitution du gage. — La consignation des valeurs remises en gage pour la garantie des droits différés doit être obligatoirement effectuée : 1º à la caisse générale de la Caisse des dépôts et consignations, si les droits sont dus à un bureau de la Seine ; — 2º et partout ailleurs entre les mains du trésorier payeur ou du receveur des finances de l'arrondissement du bureau où les droits sont dus. Le modèle de la déclaration d'affectation qui doit accompagner la consignation est inséré dans l'*Instr. Enreg.* 3674.

241. Versements d'acomptes. — Spécialement, les receveurs doivent encaisser, à titre d'acompte, sans enregistrer la déclaration, les droits de succession passibles d'une pénalité susceptible de remise, qui leur sont offerts en attendant qu'il ait été statué sur la pétition des intéressés (*Instr. Enreg.* 3700-32).

326 et 329. Assurance entre époux communs en biens. Valeur de communauté. — Abandonnant l'interprétation qui se fait jour dans ses deux solutions du 19 et du 28 août 1903 (J. E. 27.076), l'Administration est revenue à la règle inscrite par M. Boulanger dans l'Instruction n⁰ 2517. Elle reconnaît aujourd'hui que, en présence de la réserve des droits de communauté consacrée par l'article 6 de la loi du 21 juin 1875 (D. P. 75. 4. 107), il y a lieu d'assimiler l'assurance au profit du conjoint commun en biens « à une valeur de communauté soumise aux prélèvements que les époux sont appelés à exercer sur les biens communs » (Solut. 19 novembre 1920, *Instr. Enreg.* 3670-29). De là cette conséquence : c'est que l'époux bénéficiaire ne doit pas récompense à la communauté du fait des primes versées durant le mariage, alors même que le contrat d'assurance ne contiendrait aucune dispense à ce sujet (*ibid.*).

341 à 343. Valeurs successorales déposées ou existant à l'étranger. Obligations des héritiers. Loi du 13 juillet 1925. — Dans le but d'enrayer les fraudes fiscales que favorise l'exode des capitaux à l'étranger, l'article 52 de la loi du 13 juillet 1925 (D. P. 1925. 4. 281) dispose que, dans tous les cas où une succession ouverte en France et régie par la loi française comprend des biens mobiliers ou immobiliers, de quelque nature que ce soit, déposés ou existant à l'étranger, les héritiers, donataires ou légataires, doivent se faire envoyer en possession par une ordonnance du président du tribunal dans le ressort duquel la succession s'est ouverte. L'ordonnance doit contenir l'énumération détaillée de ces biens, et le serment est déféré à l'intéressé sur la sincérité de cette énumération. L'énumération ainsi requise peut d'ailleurs, suivant la remarque de l'Administration, « être insérée, soit dans le jugement d'envoi en possession prévu à l'article 770 c. civ., pour le cas où la succession est dévolue à un successeur irrégulier, soit dans l'ordonnance d'envoi en possession rendue dans le cas où le légataire universel a été institué par testament olographe ou mystique. Il ne sera pas nécessaire, en pareille hypothèse, de faire établir un envoi en possession spécial, qui ferait double emploi avec le jugement ou l'ordonnance prévus par le droit commun (*Instr. Enreg.* 3860-17).

Ces prescriptions, sous peine de rester à peu près inefficaces, devaient avoir pour corollaire l'obligation, rigoureusement imposée aux héritiers, de déclarer au bureau de l'enregistrement, dans le délai légal, tous les biens, meubles et immeubles, déposés ou existant à l'étranger, et énumérés dans l'ordonnance d'envoi en possession, sans en excepter les immeubles, meubles meublants, fonds de commerce, récoltes et autres meubles corporels ayant leur assiette matérielle hors de France : c'est, en effet, ce qui résulte de l'article 53, ci-après commenté, de la loi du 13 juillet 1925, visant le défaut de déclaration des meubles ou immeubles étrangers, en termes généraux qui repoussent toute distinction entre les biens corporels et les valeurs incorporelles. Mais il demeure entendu que les immeubles, récoltes et autres biens corporels matériellement situés à l'étranger, bien qu'énumérés dans la déclaration de succession et dans l'ordonnance d'envoi en possession, ne sauraient, en vertu du statut réel de l'impôt, être soumis au droit de mutation par décès. A cet égard, les principes exposés aux n°s 342 et 343 du *Traité* ne reçoivent aucune atteinte. En définitive, l'impôt exigible en France sur les biens déposés ou existant à l'étranger doit se limiter aux valeurs incorporelles sans assiette déterminée : titres de rentes, d'actions ou d'obligations françaises ou étrangères, fonds déposés en banque, etc. (*Instr. Enreg.* 3860-17).

1. *Sanctions.* — Aux termes de l'article 53 de la loi du 13 juillet 1925, les héritiers, donataires ou légataires qui ont pris possession des biens étrangers sans s'être conformés aux dispositions ci-dessus analysées, et qui, sciemment, n'ont pas souscrit dans le délai légal la déclaration de ces mêmes valeurs, pour le payement du droit de mutation par décès, encourent les sanctions pénales prévues par l'article 21 de la même loi, à savoir une amende égale (décimes compris) à la moitié du montant de l'avoir étranger dissimulé, outre l'affichage du nom du contrevenant et des motifs de la contravention à la porte de la mairie. Les circonstances atténuantes sont applicables. Les sanctions n'étant encourues que si l'infraction a été commise sciemment, c'est à l'Administration

qu'incombe la preuve de l'intention frauduleuse. Ces pénalités sont prononcées par le tribunal correctionnel sur la demande du directeur, autorisé à cet effet par la direction générale de l'Enregistrement ; elles sont indépendantes de celles qui peuvent être encourues pour affirmation frauduleuse (L. 18 avril 1918, art. 10) ou pour faux serment sur la sincérité de l'énumération contenue dans l'ordonnance d'envoi en possession. Enfin, ces sanctions pénales ne mettent aucun obstacle à l'exigibilité des droits de mutation par décès, des pénalités de retard et des droits en sus pour omission (*Instr. Enreg.* 3860-17).

Les mêmes sanctions correctionnelles atteignent, d'après l'article 54 de la loi du 13 juillet 1925, les débiteurs, détenteurs ou dépositaires, à quelque titre que ce soit, des valeurs successorales déposées ou existant à l'étranger directement ou indirectement par l'entremise de tierces personnes, avant que l'envoi en possession ait été prononcé. Ces mêmes personnes s'exposent, en outre, à l'action en responsabilité ouverte par l'article 56 de ladite loi au profit de tout intéressé.

2. *Obligations des officiers publics.* — Pour renforcer les mesures dont l'exposé précède, l'article 55 de la loi du 13 juillet 1925 oblige les officiers publics et ministériels à mentionner, dans les inventaires et actes de notoriété destinés à établir la qualité des ayants droit à une succession, l'obligation, incombant à ceux-ci, d'obtenir l'envoi en possession spécial qui doit justifier de leur vocation héréditaire et leur permettre de récupérer les valeurs successorales déposées à l'étranger : les extraits de ces actes ne sauraient être délivrés sans que ladite mention y soit reproduite. Les officiers publics contrevenants encourent une amende de 500 francs en principal, soit de 900 francs, décimes compris (*Instr. Enreg.* 3860-17, p. 42).

3. *Déclaration annuelle des avoirs à l'étranger.* — Nous ne saurions passer sous silence, bien qu'elle intéresse plus spécialement le service des Contributions directes, la disposition de l'article 21 de la loi du 13 juillet 1925, qui prescrit, sous peine des sanctions correctionnelles plus haut spécifiées, à toute personne de nationalité française ou résidant en France

de produire, dans les deux premiers mois de chaque année, au contrôleur des Contributions directes la déclaration détaillée de ses avoirs à l'étranger. Ces déclarations annuelles, dont la communication ne saurait être refusée aux agents de l'Enregistrement, peuvent fournir à ceux-ci d'utiles indications pour le contrôle des déclarations de mutations par décès (V. à ce sujet notre *Traité pratique des impôts sur les revenus*, 4e édition de 1927, no 770).

352 à 356. Évaluation des biens meubles. Loi du 30 juin 1923. — L'article 11 de la loi du 25 février 1901 (D. P. 1901. 4. 33), analysé sous le no 352 du *Traité*, désignait, en première ligne, de préférence aux polices d'assurance, l'estimation contenue dans les inventaires comme base d'évaluation de biens meubles transmis par décès. Les évaluations de l'inventaire ne pouvaient être écartées que lorsqu'il était procédé pour un prix supérieur, à une vente publique. L'article 20 de la loi du 30 juin 1923 (D. P. 1924. 4. 81) a interverti cet ordre de préférence, en classant les inventaires en troisième ligne, après les ventes publiques et les contrats d'assurances. Ce texte est ainsi conçu (alinéas 1 à 4) :

« La valeur de la propriété des biens meubles est déterminée, pour la liquidation et le payement des droits de mutation par décès :

« 1o Par le prix exprimé dans les actes de vente, lorsque cette vente a lieu publiquement et dans les deux années du décès ;

« 2o A défaut d'actes de vente, en prenant pour base 60 p. 100 de l'évaluation faite dans les contrats ou conventions d'assurances en cours au jour du décès et conclus par le défunt, son conjoint ou ses auteurs moins de dix ans avant l'ouverture de la succession, sauf preuve contraire. Cette disposition ne s'applique pas aux polices d'assurances concernant les récoltes, les bestiaux et les marchandises ;

3o « A défaut d'actes de vente ou d'assurance, par l'estimation contenue dans les inventaires, s'il en est dressé dans les formes prescrites par l'article 943 du Code de procédure civile et dans les cinq années du décès pour les meubles meublants, et par l'estimation contenue dans les inventaires et autres actes, s'il en est passé, dans le même délai, pour les autres biens meubles ;

« 4° A défaut des bases d'évaluation établies aux trois paragraphes précédents, par la déclaration faite conformément au paragraphe 8 de l'article 14 de la loi du 22 frimaire an VII ; toutefois, pour les meubles meublants, la valeur imposable ne pourra être inférieure à 5 p. 100 de l'ensemble des autres valeurs mobilières et immobilières de la succession, sauf preuve contraire... »

Il ressort de ces dispositions que, pour l'évaluation des meubles meublants au sens de l'article 534 du Code civil, doivent, seuls, être retenus les inventaires dressés dans les formes prescrites par l'article 943 du Code de procédure, à l'exclusion des partages ou délivrances de legs. Les actes autres que l'inventaire ne peuvent concourir, avec celui-ci, à la détermination de la valeur imposable qu'à l'égard des meubles corporels ne constituant pas des meubles meublants, tels que bestiaux et récoltes, marchandises, voitures automobiles non rattachées à une exploitation immobilière. Le délai imparti pour la production de ces éléments d'évaluation est porté de deux à cinq ans. La déclaration estimative des héritiers n'intervient qu'à défaut de vente publique, d'assurance et d'inventaire. Encore est-il que la valeur imposable du mobilier ne saurait être inférieure à 5 p. 100 de l'ensemble des autres valeurs de la succession. La présomption de ce forfait cède à la preuve contraire (*Instr. Enreg.* 3547). On ne saurait d'ailleurs, pour le calcul dudit forfait, faire état des récompenses dues par le défunt, qui s'éteignent par confusion à concurrence de sa part dans la communauté (Rép. min. Fin. quest. de M. Grand, sénateur, du 8 juillet 1925).

En ce qui concerne l'expertise des fonds de commerce, des navires ou bateaux transmis par décès et la répression des insuffisances, V. *infra*, n° 832.

1. *Créances, rentes, effets publics.* — Aux termes de l'avant-dernier alinéa de son article 20, la loi du 30 juin 1923 exclut expressément du mode d'évaluation qui vient d'être décrit, les créances, rentes, actions, obligations, effets publics et autres

biens meubles dont la valeur imposable est déterminée par des lois spéciales. Les règles tracées sous les n°ˢ 357 à 378 pour l'évaluation de ces valeurs incorporelles doivent donc continuer à être suivies.

357. Créances à échéance éloignée. Payement différé. Loi du 13 juillet 1925. — Pour compléter le régime d'exception déjà introduit par l'article 12 de la loi du 18 avril 1918 (D. P. 1918. 4. 137) en matière de créances douteuses ou irrécouvrables par suite de la faillite ou de la déconfiture du débiteur (*Traité*, n° 358), l'article 50 de la loi du 13 juillet 1925 autorise les héritiers à différer, sous les conditions qu'il détermine, le payement de l'impôt applicable aux créances à échéance éloignée, même en dehors du cas où le débiteur est en faillite ou en déconfiture. Voici le texte de cet article :

« Si une succession comprend des créances à terme, nominatives, dues en vertu d'actes notariés et venant à échéance plus de cinq ans après l'ouverture de la succession, le payement des droits de mutation par décès, à l'exclusion de la taxe successorale, peut, à concurrence de la part proportionnelle au montant de ces créances, et si les parties le requièrent, être différé jusqu'à la date des échéances, sans que le payement pour solde puisse être retardé au delà de trente ans.

« A défaut de payement aux échéances, les droits différés portent intérêt au taux fixé par la loi.

« Les parties sont dispensées de constituer une garantie, mais le Trésor conserve, indépendamment du privilège conféré par l'article 32 de la loi du 22 frimaire an VII, le privilège sur les immeubles qui a été institué par le cinquième alinéa de l'article 7 de la loi du 13 juillet 1911. En outre, en cas de négociation totale ou partielle de la créance, le solde des droits dont le payement a été différé est immédiatement exigible sur le montant total de la créance.

« La présente disposition est applicable aux successions ouvertes avant la promulgation de la présente loi, à charge pour les ayants droit d'en demander le bénéfice dans un délai de deux mois. »

L'application de cette mesure est subordonnée à plusieurs

conditions, toutes de rigueur. Il faut, en premier lieu, qu'il s'agisse de créances à terme, venant à échéance plus de cinq ans après l'ouverture de la succession, ce qui exclut les créances échues au jour du décès ou à échoir dans les cinq années suivantes. La créance doit être nominative et résulter d'un titre notarié. Les héritiers ou légataires qui veulent profiter de ce tempérament ont à en faire la réquisition par écrit, lors de leur déclaration de succession. Les droits différés deviennent exigibles à la date de l'échéance stipulée dans le titre de la créance, alors même que le remboursement ne serait pas encore opéré à cette date. Si plusieurs échéances ont été prévues, le montant des droits différés est réparti en autant de fractions qu'il y a d'échéances. Au cas de remboursement par annuités, il convient, pour le calcul de l'impôt différé, de défalquer de chaque annuité les intérêts qu'elle comporte, le capital étant seul retenu. Enfin, la cession ou le transport *à titre onéreux* de tout ou partie de la créance, de même que son remboursement anticipé entraînent l'exigibilité des droits différés. Le versement pour solde ne saurait être retardé au delà de trente années à compter de l'ouverture de la succession (*Instr. Enreg.* 3860-15).

Quant à la taxe successorale, la nouvelle loi lui refuse expressément le bénéfice du payement différé (*ibid.*).

379 et suiv. Évaluation des immeubles. Adjudication. Loi du 30 juin 1923. — Entreront désormais en ligne de compte, pour la détermination de la valeur vénale des immeubles héréditaires, non seulement les adjudications publiques devant notaire commis ou à la barre du tribunal, les étrangers admis, seules visées par l'article 26 de la loi du 15 juillet 1914 et par l'article 2 de la loi du 27 mai 1918 (D. P. 1918. 4. 302), mais encore les adjudications *volontaires* avec admission des étrangers. C'est ce que décide l'article 21 de la loi du 30 juin 1923. Ainsi que le précise ce texte et comme l'explique l'*Instruction* 3784, la période pendant laquelle les adjudications doivent intervenir pour servir de base à la perception est portée de deux à quatre ans, soit deux ans avant et deux ans après l'ouverture de la succession.

.383 *bis*. **Régions libérées. Évaluation des biens endommagés. Loi du 12 juillet 1922.** — Faisant suite à la loi du 16 juillet 1921 dont nous avons rappelé ci-dessus les dispositions relatives au délai des déclarations (V. *suprà*, n° 205), la loi du 12 juillet 1922 (D. P. 1923. 4. 6, *Instr. Enreg.* 3751) décide que, pour les successions ouvertes du 1er août 1914 au 11 novembre 1918, l'évaluation des meubles corporels et des immeubles détruits ou endommagés par les faits de guerre, dans les régions libérées, sera établie, au choix des intéressés, soit d'après leur état au 1er août 1914 conformément aux règles en vigueur à cette date, — soit d'après leur état au 11 novembre 1918 et l'appréciation en valeur vénale faite à cette époque, en majorant cette valeur du montant de l'indemnité pour perte subie, mais sans y comprendre les indemnités afférentes aux frais supplémentaires ou de remplacement et à la dépréciation pour cause de vétusté (art. 1 et 2; — Rép. min. fin. quest. de M. le député Escoffier du 5 juillet 1922, *J. off.* du 26 août 1922, p. 2560).

391. **Usufruit temporaire à terme fixe. Maximum de l'évaluation forfaitaire.** — Sanctionnant la thèse de l'Administration (*Instr.* 3067-3), la Cour de cassation décide que l'évaluation d'un usufruit temporaire à durée fixe, portée aux deux dixièmes de la pleine propriété par chaque période décennale, ne saurait, à raison de son caractère exceptionnel, annuler la règle générale ni, par suite, attribuer à cet usufruit une valeur supérieure à celle qu'il aurait eue s'il était purement viager; spécialement, lorsqu'un donateur, âgé de 68 ans, se réserve pendant 22 ans l'usufruit des biens donnés, cet usufruit doit être estimé, non aux six dixièmes, mais bien aux deux dixièmes de la propriété et le droit de mutation est exigible sur les huit dixièmes de la pleine propriété (Cass. civ. 11 décembre 1923, D. H. 1924, p. 62; — Conf. cass. civ. 20 mars 1922, *Instr. Enreg.* 3736-10).

398. **Usufruits successifs. Restitution partielle des droits payés par le nu-propriétaire.** — La demande en restitution des droits payés en trop par le nu-propriétaire, au cas d'usu-

fruits successifs, prévue par l'article 13 de la loi du 25 février 1901, est recevable, alors même que le second usufruitier serait affranchi de l'impôt en vertu de l'article 6 de la loi du 26 décembre 1914, relative aux successions des victimes de la guerre (D. P. 1915. 4. 98) (Seine, 19 juin 1920 et *solut. Enreg.* 17 août 1922, *Instr.* 3755-17).

401. Adjudication de nue-propriété. — Le prix d'une adjudication portant exclusivement sur la nue-propriété des immeubles héréditaires ne peut servir de base à la perception de l'impôt sur cette nue-propriété, puisque l'adjudication, ne faisant pas ressortir la valeur de la pleine propriété, ne permet pas de procéder à la répartition prescrite par l'article 13 de la loi du 25 février 1901 et commentée au n° 387 du *Traité* (Solut. 4 septembre 1919, *Instr. Enreg.* 3670-28).

422. Reprises de dot. Valeurs aliénées avant la guerre. — Une loi du 15 mars 1919 (*J. off.* du 16 mars 1919, p. 2750) dispose que, dans tous partages de succession, communauté ou indivision, ainsi que pour la liquidation des reprises des femmes mariées, lorsqu'il y aura lieu à rapport en moins prenant ou reprises en espèces de valeurs mobilières aliénées avant le 2 août 1914, ces valeurs seront estimées au cours en vigueur lors du partage (*Instr. Enreg.* 3700-30).

432-1. Partage antérieur à la déclaration. Dation en payement. — Conformément à la doctrine exposée sous les n°s 432-1 à 434 du *Traité*, la Cour de cassation décide que le partage antérieur à la déclaration de succession ne saurait être réputé pur et simple, ni, par suite, servir de base à la liquidation de l'impôt, lorsqu'il contient une attribution à la veuve de valeurs communes ou héréditaires, à titre de dation en payement d'indemnités de deuil, de nourriture et d'habitation, — un échange entre des acquêts et des propres — et une répartition inégale du passif, un tel acte, destitué de tout caractère déclaratif, ne pouvant se substituer à la dévolution héréditaire (Cass. civ. 20 octobre 1924, D. H. 1924, p. 650, *Instr. Enreg.* 3872-4).

477. Déduction des impôts directs sur le revenu. — Sont déductibles de l'actif successoral, pour l'année entière au cours de laquelle le décès s'est produit, les impôts directs établis au titre de ladite année, notamment les impôts cédulaires et l'impôt général sur le revenu (Solut. 26 janvier 1920, *Instr. Enreg.* 3700-28). La production d'un extrait du rôle, certifié par le percepteur, constitue une justification suffisante (Solut. 17 mars 1921, *Instr. Enreg.* précitée).

478. Passif résultant d'un excédent d'attribution dans un partage. Succession de l'attributaire. Non-déduction. — Lorsque, dans un partage partiel, l'un des cohéritiers a reçu des attributions excédant sa part héréditaire, s'il vient à décéder avant le partage final, on ne saurait retrancher de sa succession, pour le calcul de l'impôt, la dette résultant de cet excès d'attribution, le partage d'où elle résulte ne pouvant, en l'absence d'un règlement définitif, être envisagé comme un titre susceptible de faire preuve contre le défunt (Cass. req. 11 juillet 1921, *Instr. Enreg.* 3720-8).

641. Dettes envers personnes interposées. — Ne doit pas être considérée comme dette envers personne interposée et, par suite, est déductible de l'actif héréditaire l'obligation souscrite par le défunt au profit de la sœur de son légataire universel dont celui-ci était héritier présomptif (Cass. civ. 3 décembre 1923, *Instr. Enreg.* 3839-7). En notifiant cette décision au service, l'Administration a déclaré la prendre pour règle et rapporter les Instructions antérieures 3370-9 et 3390-6, en ce qu'elles ont de contraire à la doctrine libérale consacrée par la Cour de cassation (*ibid.*).

660. Dette garantie par le privilège du copartageant. Inscription périmée. Non-déduction. — Partant de cette idée, d'ailleurs discutable, que le privilège du copartageant présente le caractère d'une hypothèque soumise à la formalité de l'inscription, la Cour de cassation a jugé qu'il n'y a pas lieu de déduire de l'actif héréditaire la dette garantie par ledit privilège, du moment où cette dette, échue antérieurement à l'ouverture de la succession, a fait l'objet d'une inscription périmée depuis plus de trois mois (Cass. civ. 28 novembre 1923, *Instr. Enreg.* 3839-6).

679. Nouveau tarif des droits de mutation par décès. Loi du 3 août 1926. — Le tarif des droits de mutation par décès, qui avait été fixé en dernier lieu par l'article 30 de la loi du 25 juin 1920 aux quotités indiquées, page 426 du *Traité*, a été sensiblement modifié par l'article 19 de la loi du 3 août 1926 (D. P. 1926. 4. 297, *Instr. Enreg.* 3911-5). Tout en conservant son caractère d'impôt progressif, le nouveau tarif ne comporte plus la tranche de 1 à 2000 francs, la première fraction de part nette étant désormais comprise entre 1 et 10000 francs. D'autre part, un taux uniforme est établi en ligne directe pour les ascendants au 2e degré et au delà. Sous réserve des remaniements introduits dans la graduation et la limitation du taux de l'impôt, il est vrai de dire, avec l'Administration, que « rien n'est changé aux règles qui gouvernent la liquidation et la perception, tant de la taxe successorale que des droits de mutation par décès proprement dits » (*Instr.* précitée, p. 16).

1. *Double décime.* — Les nouveaux droits de succession et la taxe successorale restent passibles du double décime institué par l'article 3 de la loi du 22 mars 1924 (D. P. 1924. 4. 148) sur tous les impôts, droits et taxes recouvrés au profit de l'Etat. En ce qui concerne les pénalités, on verra plus loin que cette surtaxe doit se calculer sur le montant cumulé du principal et du double décime et demi établi par l'article 110 de la loi du 25 juin 1920 (*infrà*, n⁰ 749-2).

680. Tableau du nouveau tarif des droits de succession. Décret du 28 décembre 1926. — Le tableau de l'impôt progressif des successions, inséré dans l'article 19 de la loi du 3 août 1926, ne dégage les diverses quotités de ce droit qu'en principal, sans y incorporer la surtaxe du double décime. Voici, d'après le barème officiel établi dans l'article 294 du texte codifié annexé au décret du 28 décembre 1926 (*J. off.* 1er janvier 1927, D. P. 1927. 4. 50), comment s'échelonne la graduation de ces nouveaux tarifs, décimes compris :

INDICATION des degrès de parenté.	TARIF (DÉCIMES COMPRIS) APPLICABLE A LA FRACTION DE PART NETTE COMPRISE ENTRE										
	1 à 10.000 fr.	10.001 à 50.000 fr.	50.001 à 100.000 fr.	100.001 à 250.000 fr.	250.001 à 500.000 fr.	500.001 à 1 million.	1.000.001 à 2 millions.	2.000.001 à 5 millions.	5.000.001 à 10 millions.	10.000.001 à 50 millions.	Au delà de 50 millions.
	p. 100.	p. 100.	p. 100	p. 100	p. 100.	p. 100.	p. 100.	p. 100.	p. 100.	p. 100.	p. 100.
Ligne directe descendante au 1er degré.	3 fr. »	4 fr. 20	5 fr. 40	6 fr. 60	7 fr. 80	9 fr. »	10 fr. 20	11 fr. 40	12 fr. 60	13 fr. 80	15 fr. »
Ligne directe descendante au 2e degré et entre époux.	3 60	4 80	6 »	7 20	8 40	9 60	10 80	12 »	13 20	14 40	15 60
Ligne directe descendante au delà du 2e degré. . .	4 20	5 40	6 60	7 80	9 »	10 20	11 40	12 60	13 80	15 »	16 20
Ligne directe ascendante au 1er degré.	4 80	6 »	7 20	8 40	9 60	10 80	12 »	13 20	14 40	15 60	16 80
Ligne directe ascendante au 2e degré et au delà . . .	5 40	6 60	7 80	9 »	10 20	11 40	12 60	13 80	15 »	16 20	17 40
Entre frères et sœurs . . .	14 40	16 80	19 20	21 60	24 »	26 40	28 80	31 20	33 60	36 »	38 40
Entre oncles ou tantes et neveux ou nièces	20 40	22 80	25 20	27 60	30 »	32 40	34 80	37 20	39 60	42 »	44 40
Entre grands-oncles et grand'tantes et petits-neveux et petites-nièces et entre cousins germains. .	26 40	28 80	31 20	33 60	36 »	38 40	40 80	43 20	45 60	48 »	50 40
Entre parents au delà du 4e degré et entre personnes non parentes.	32 40	34 80	37 20	39 60	42 »	44 80	46 80	49 20	51 60	54 »	56 40

686. Nouvelles limitations de l'impôt. — Aux termes de l'article 30 de la loi du 25 juin 1920, la taxe successorale et les droits de mutation par décès incombant à un héritier ou légataire ne peuvent, dans leur ensemble, excéder 80 p. 100 de son émolument. L'article 19-2° de la loi du 3 août 1926 substitue à ce maximum les limitations suivantes : 1° en ligne directe et entre époux : 25 p. 100 ; — en ligne collatérale : 35 p. 100 — entre parents au delà du 4ᵉ degré et entre personnes non parentes : 40 p. 100. Il y a lieu, pour le calcul de la part nette de l'héritier ou du successeur universel, de comprendre dans l'actif héréditaire les rapports des biens donnés entre vifs à des successibles (*Instr. Enreg.* 3645-5). Ajoutons que la loi du 3 août 1926 ne reproduisant pas la disposition de l'article 30 de la loi du 25 juin 1920, d'après laquelle la réduction de l'impôt au maximum légal « portera sur les droits de mutation par décès », il s'ensuit que la taxe successorale peut faire l'objet d'une réduction (*Instr. Enreg.* 3911, p. 16). Notons que les deux décimes exigibles en vertu de la loi du 22 mars 1924 doivent entrer en compte pour le calcul des nouveaux maxima (*Instr. Enreg.* 3810, p. 5).

1. *Point de départ du nouveau régime.* — La mise en application du nouveau tarif et des autres modifications édictés par l'article 19 de la loi du 3 août 1926 est fixée par l'article 21 de cette loi au 1ᵉʳ janvier 1927, et, par suite, n'atteindra que les successions ouvertes après le 31 décembre 1926 (Même *Instr.*, p. 17).

687. Successibles chargés de famille. Réduction. Décimes. — Suivant la remarque de l'*Instruction* précitée, est maintenue, en particulier, la réduction de 2.000 francs pour chaque enfant, en sus du troisième, accordée aux successibles chargés de famille par l'article 31 de la loi du 25 juin 1920. Le ministre a décidé, le 3 mai 1926, que ce chiffre de 2.000 francs doit être majoré du double décime ; quant au maximum de la réduction, fixé à 50 p. 000, s'il ne comporte pas, en lui-même, l'adjonction de cette surtaxe, il se calcule sur le montant des droits à percevoir, y compris le double décime (*Instr. Enreg.* 3927-25).

688. Petites parts dans les successions n'excédant pas 25.000 francs. — Rien n'est changé, non plus, dans les dispositions de l'article 33 de la loi du 25 juin 1920 qui accordent aux parts nettes n'excédant pas 10.000 francs recueillies dans les successions ne dépassant pas 25.000 francs le bénéfice du tarif atténué édicté antérieurement à la loi du 31 décembre 1917 (D. P. 1920. 4. 216) par l'article 10 de la loi du 8 avril 1910 (D. P. 1910. 4. 105). Les droits applicables à la fraction de part nette entre 1 franc et 2.000 francs, et entre 2.001 et 10.000, sont indiqués, en principal, dans les deux premières colonnes du tableau reproduit page 422 du *Traité*. Les quotités inscrites dans ce tableau doivent être aujourd'hui majorées du double décime institué par la loi du 22 mars 1924 (V. en ce sens l'article 296 du texte codifié par le décret déjà cité du 28 décembre 1926).

1. *Calcul du maximum de 25.000 francs.* — Pour la détermination de ce maximum, il y a lieu de faire abstraction des biens donnés entre vifs à des successibles avec dispense de rapport, et des biens donnés en avancement d'hoirie, lorsque le donataire, seul appelé à recueillir l'hérédité, se trouve ainsi affranchi de l'obligation du rapport. Les biens non sujets à rapport sont, en effet, étrangers à l'actif successoral (Solut. 10 janvier 1921 et 28 mars 1922, *Instr. Enreg.* 3736-28). Il faut également déduire de l'actif, dans le même but, la taxe successorale (Solut. 19 mai 1921, *Instr.* 3700-26).

691. Défunt laissant plus de quatre enfants vivants. — Nous avons présenté, sous ce paragraphe du *Traité*, le commentaire de l'article 30-2° de la loi du 25 juin 1920, autorisant, dans toute succession où le défunt laisse plus de quatre enfants vivants ou représentés, la déduction sur l'actif global net de 10 p. 100 par enfant en sus du quatrième, au maximum de 15.000 francs par enfant. On a précisé également le but et la portée de l'article 34 de la même loi, qui, pour l'application de cette déduction, ajoute au nombre des enfants vivants l'enfant qui est décédé âgé de seize ans révolus et celui qui a été tué au cours des hostilités ou qui est mort des suites de faits de guerre. Il est admis que l'enfant renonçant est compté comme celui qui vient au partage de l'hérédité (Solut. 12 octobre 1918, *Instr.* 3581-20).

1. *Absence de tout enfant vivant.* — Au sujet de la disposition sus-visée de l'article 34-1° de la loi du 25 juin 1920, il s'est produit un revirement de jurisprudence qui mérite d'être signalé. Ce texte porte que, pour la mise en œuvre de l'article 29 (*calcul de la taxe successorale*) et de l'article 30-2° de la loi de 1920 (*déduction corrélative au nombre des enfants du défunt*), « doit être ajouté » aux enfants vivants ou représentés de l'auteur de la succession ceux qui sont décédés dans les conditions qu'il détermine. S'attachant à l'interprétation littérale de cette formule : « doit être ajouté au nombre des enfants vivants, » l'Administration posa en règle que les enfants décédés ne peuvent entrer en compte que s'il existe au moins un autre enfant vivant ou représenté, auquel ils puissent être ajoutés (*Instr. Enreg.* du 21 octobre 1920, n° 3645).

Mais cette thèse, à laquelle le tribunal de la Seine s'était rallié par un jugement du 25 novembre 1920, n'a pas été maintenue. L'Administration reconnaît aujourd'hui qu'il y a lieu de faire état, en toute hypothèse, des enfants du défunt morts victimes de la guerre ou après seize ans révolus, *sans distinguer suivant qu'il existe ou non d'autres enfants vivants ou représentés*, qu'il s'agisse d'ailleurs de l'application de l'article 15 de la loi du 31 décembre 1917 ou de celle de l'article 34 de la loi du 25 juin 1920 (Décis. min. fin., 24 mai 1922, *Instr. Enreg.* 3736-29 ; — Conf. Rép. min. fin. quest. de M. Ferry, député, du 15 juin 1922, *J. off.* du 5 juillet 1922, p. 2344).

Il est donc certain que l'absence de tout enfant vivant, lors de l'ouverture de la succession n'oppose, par elle-même, aucun obstacle à l'application des dégrèvements spécifiés par les articles 30 et 31 de la loi du 25 juin 1920, du moment où les conditions de fond et de forme exigées par l'article 34 de la même loi se trouvent remplies. Et cette règle doit être suivie, non seulement pour les déductions motivées par le nombre d'enfants du défunt ou des héritiers, mais encore pour le calcul de la taxe successorale, spécialement visée dans la réponse écrite, précitée, du ministre à M. le député Ferry. — V. *infrà*, n° 736.

1. *Cumul des réductions et déductions*. — Rien ne s'oppose à ce que les réductions justifiées par le nombre des enfants du défunt et celles qui sont prévues pour les héritiers chargés de famille (L. 25 juin 1920, art. 30-2° et 31) soient appliquées simultanément. Ainsi, lorsqu'une succession est dévolue au conjoint survivant et à cinq enfants communs, l'actif global net héréditaire subit la réduction prévue par l'article 30-2° de la loi du 25 juin 1920; chacun des enfants communs bénéficie, en outre, de la diminution envisagée à l'article 31, s'il a d'ailleurs lui-même quatre enfants au moins vivants au jour de l'ouverture de la succession; enfin, le conjoint survivant, usufrutier légal, a droit, en toute hypothèse, à ce dernier dégrèvement (Solut. 1er décembre 1921, *Instr. Enreg.* 3720-15).

692. Succession dévolue aux petits-enfants. — La délivrance du certificat de l'autorité militaire, dans le cas envisagé sous ce paragraphe du *Traité*, rentre actuellement dans les attributions du ministre des pensions (Arrêté interminist. du 17 avril 1920, *J. òff.* du 22, p. 6246, *Instr. Enreg.* 3645).

710. Départements, communes et établissements publics. Dualité des tarifs. — La loi du 3 août 1926 ne porte aucune atteinte au régime spécial qui gouverne les libéralités testamentaires adressées aux départements, communes et établissements publics ou d'utilité publique. Ces libéralités bénéficient, comme par le passé, du tarif de faveur de 9 p. 100 (10 fr. 80, décimes compris), à la condition d'être affectées à des œuvres d'assistance par la volonté expresse du testateur. En l'absence de cette affectation, les legs faits aux dites collectivités sont passibles du droit progressif de mutation par décès, d'après les quotités établies antérieurement à la loi du 31 décembre 1917 pour les dévolutions entre personnes non parentes et fixées, en dernier lieu, par la loi du 8 avril 1910 (D. P. 1910. 4.

105). Ces quotités sont inscrites à la dernière ligne du tableau inséré dans la loi du 8 avril 1910 et reproduit p. 422 du *Traité*; mais, pour les successions ouvertes depuis la loi du 22 mars 1924 (D. P. 1924. 4. 148), elles doivent être majorées du double décime institué par cette loi, de telle sorte que leur graduation, au lieu de progresser de 18 à 29 p. 100 sur les fractions de part nette héréditaires, évolue de 21.60 à 34.80 p. 100, savoir :

Tarif p. 100.

Part nette entre		1	et	2.000 fr.	. . . .	21 fr.	60
—	—	2.001	et	10.000 fr.	. . . .	22	80
—	—	10.001	et	50.000 fr.	. . . .	24	»
—	—	50 001	et	100.000 fr.	. . . .	25	20
—	—	100.001	et	250.000 fr.	. . . .	26	40
—	—	250 001	et	500.000 fr.	. . . .	27	60
—	—	500.001	et	1 million de francs.	. .	28	80
—	—	1.000.001	et	2 millions de francs.	.	30	»
—	—	2.000.001	et	5 millions de francs.	.	31	20
—	—	5.000.001	et	10 millions de francs.	.	32	40
—	—	10.000.001	et	50 millions de francs.	.	33	60
		Au-dessus de 50		millions de francs.	. . . .	34	80

720. Legs affecté à des œuvres d'enseignement départemental. — Par une application directe des principes exposés dans notre commentaire de la loi du 25 février 1901 (art. 19), la Cour de cassation a jugé que les libéralités dont sont gratifiées les œuvres d'enseignement ne bénéficient du tarif exceptionnel de 9 p. 100 (10.80 p. 100) que si elles sont faites aux sociétés d'instruction et d'éducation populaire gratuites, reconnues d'utilité publique et subventionnées par l'État; d'où il suit que le legs affecté, par la volonté expresse du testateur, à des œuvres d'enseignement départemental, sans distinction, est, en raison de cette destination, passible du droit progressif de mutation, au taux réglé par l'article 10 de la loi du 8 avril 1910 (Cass. civ. 27 mai 1925, D. P. 1927. 1. 24, *Instr. Enreg.* 3896-6).

1. *Legs de sommes d'argent pour l'achat d'œuvres d'art.* — On a vu plus haut (n° 150-2) que l'article 24 de la loi du 30 juin 1923, modifiant l'article 33 de la loi du 25 juin 1920,

affranchit du droit de mutation par décès les legs d'œuvres
d'art, de monuments ou d'objets ayant un caractère historique, de livres, d'imprimés ou de manuscrits, faits aux
départements, aux communes et aux établissements publics,
lorsqu'ils sont destinés à figurer dans une collection publique.
Quant aux legs de sommes d'argent ou d'immeubles faits aux
mêmes collectivités, en vue de l'achat des œuvres d'art, des
monuments et des autres objets qui viennent d'être spécifiés,
ils bénéficient, non d'une exemption totale, mais bien du tarif
d'exception de 9 p. 100 porté à 10,80 p. 100 par l'adjonction de
deux décimes (L. 30 juin 1923, art. 24-2°).

**723. Établissement charitable français composé d'étran-
gers.** — Bénéficie du tarif de faveur de 9 p. 100 institué par
l'article 19 de la loi du 25 février 1901 le legs fait à un établissement charitable situé à Alger, exclusivement composé
d'étrangers et n'ayant pour but que de venir en aide à des
étrangers, dès lors que ce groupement, reconnu comme établissement d'utilité publique, a acquis la personnalité juridique en vertu de la loi française, affecte par là même le
caractère d'association française et, au surplus, consacre prin-
cipalement ses ressources à des œuvres d'assistance (entretien
des lits gratuits réservés aux malades indigents) (Établissements du *British Cottage Hospital, Solut. Enreg.* 28 mai 1926,
Instr. 3927-27).

734. Taxe successorale. Tarif. — La loi du 3 août 1926 a
remanié, dans la mesure qui vient d'être indiquée, le taux du
droit de mutation par décès proprement dit ; mais elle n'a
apporté aucune modification au tarif et aux conditions d'exigibilité de la taxe successorale, progressive et par tranches,
qui frappe le capital global de toute succession où le défunt
ne laisse pas au moins quatre enfants vivants ou représentés
(Loi du 25 juin 1920, art. 29). Mais cette taxe est actuellement
sujette aux deux décimes institués par l'article 3 de la loi du
22 mars 1924. Il convient donc de majorer du montant de cette
surtaxe les diverses quotités inscrites au tableau incorporé
dans l'article 29 de la loi du 25 juin 1920 et transcrit, p. 466

du *Traité*. Par l'effet de cette majoration, la taxe successorale obéit aujourd'hui à la progression ci-après :

TARIF APPLICABLE A LA FRACTION comprise entre		Trois enfants vivants ou représentés	Deux enfants vivants ou représentés	Un enfant vivant ou représenté	Point d'enfant vivant ou représenté
		p. 100	p. 100	p. 100	p. 100
1 et	2.000 francs........	0 fr. 30	0 fr. 60	1 fr. 20	3 fr. 60
2.001 et	10.000 —	0 60	1 20	2 40	7 20
10.001 et	50 000 —	0 90	1 80	3 60	10 80
50 001 et	100.000 —	1 20	2 40	4 80	14 40
100.001 et	250.000 —	1 50	3 »	6 »	18 »
250 001 et	500.000 —	1 80	4 20	7 80	21 60
500.001 et	1.000 000 —	2 70	5 10	9 60	25 20
1.000.001 et	2.000 000 —	3 84	7 20	14 40	28 80
2.000.001 et	5.000.000 —	4 32	8 10	16 20	32 40
5.000.001 et	10.000.000 —	4 80	9 »	18 »	36 »
10.000.001 et	50.000.000 —	5 28	9 90	19 80	39 60
50.000.001 et	100 000.000 —	5 76	10 80	21 60	43 20
100.000.001 et	500 000 000 —	6 60	12 »	24 »	44 80
Au-dessus de	500.000.000 —	9 »	14 40	25 20	46 80

736. Détermination du nombre des héritiers. Absence d'enfant vivant. — On sait, par les explications présentées p. 468 du *Traité*, que, pour l'application des tarifs de la taxe successorale, il y a lieu d'ajouter au nombre des enfants vivants ou représentés du défunt, celui qui est mort âgé de seize ans révolus et celui qui, âgé de moins de seize ans, a été tué par l'ennemi ou est décédé des suites de faits de guerre, soit durant les hostilités, soit dans l'année à compter de leur cessation. Contrairement à son interprétation antérieure, l'Administration décide aujourd'hui que, pour le calcul de la taxe successorale, on doit faire état des enfants du défunt tombés au champ d'honneur ou décédés à l'âge de seize ans révolus, en toute hypothèse, même dans le cas où l'auteur de la succession ne laisserait aucun enfant vivant auquel ils puissent être ajoutés (Rép. min. fin. quest. de M. Ferry, député, du 15 juin 1922, n° 14.095, *J. off.* du 5 juillet 1922, p. 2344 ; — Conf. *supra*, n° 691-1).

737. Enfant adoptif. — La Cour de cassation décide que l'enfant adoptif doit, comme l'enfant légitime, entrer en ligne de compte pour le calcul de la taxe successorale applicable à la succession de l'adoptant, et que cette taxe ne saurait le frapper plus lourdement que l'enfant né en mariage ou que l'enfant naturel reconnu (Cass. civ. 26 juin 1924, *Instr. Enreg.* 3839-8). L'Administration a pris cet arrêt comme règle de perception.

742. Legs à un bureau de bienfaisance grevé d'un legs particulier. — Un bureau de bienfaisance, institué légataire universel, à charge d'un legs particulier, est exempt de la taxe successorale sur la fraction de l'hérédité qu'il recueille effectivement ; mais il doit supporter la portion de cette taxe correspondant au legs particulier, qui n'en est pas affranchi (Rép. min. fin. quest. de M. Hubert-Rougé, député, du 18 juin 1925, *J. off.* du 25 juillet 1925, p. 3485).

746. Payement de la taxe successorale. Époux survivant. — L'obligation au payement de la taxe successorale incombe à l'époux survivant appelé à recueillir l'usufruit de partie de la succession en vertu de l'article 767 nouveau du Code civil (V. *suprà*, n° 34) : il est, en effet, assimilable à un successeur à titre universel, et, à ce titre, tenu au payement de la taxe (*Instr. Enreg.* 1ᵉʳ mai 1922, 3736-30).

1. *Suppression du recours des héritiers contre les légataires.* — Les successeurs universels, débiteurs directs et définitifs de la taxe successorale, n'ayant, de ce chef, aucun recours contre les autres ayants droit, il en résulte que les legs particuliers doivent supporter le droit de mutation par décès, sans qu'il y ait à déduire de l'émolument du légataire sa part contributive dans la taxe successorale (*Instr. Enreg.* n° 3645).

749-2. Décimes des pénalités fiscales. Cumul. — Déjà passibles des deux décimes et demi établis par l'article 110 de la loi du 25 juin 1920, les droits en sus, doubles droits, amendes de retard, prévus en matière de mutations par décès, comportent actuellement, en vertu de l'article 3 de la loi du

22 mars 1924, une nouvelle addition de deux décimes, à liquider tant sur le principal que sur les deux décimes et demi antérieurs, soit une majoration de moitié (50 p. 100) du principal de la pénalité. Ainsi un droit en sus de 1.600 francs se trouve porté, par ce cumul, à 2.400 francs. Pour les amendes édictées « *en principal* » et sujettes à cinq décimes depuis la loi du 25 juin 1920, par l'effet de l'article 110 de cette loi et des lois antérieures, la majoration de la pénalité n'est pas inférieure à 80 p. 100 (*Instr. Enreg.* 3810 ; Dalloz, *Code de l'Enreg.*, édit. de 1924, *Suppl.*, p. 44). Rentre notamment dans cette dernière catégorie l'amende prononcée par l'article 55 de la loi du 13 juillet 1925 contre les officiers publics qui ont omis de mentionner, dans les inventaires ou actes de notoriété, l'obligation incombant aux héritiers d'obtenir l'envoi en possession spécial des biens existant à l'étranger : l'Administration précise, dans son *Instruction* 3860 (p. 43), que cette amende, de 500 francs en principal, s'élève à 900 francs, décimes compris. Il en est de même de l'amende de 500 francs, *en principal*, encourue par les détenteurs de titres, sommes ou valeurs héréditaires, qui contreviennent aux prescriptions de l'article 15 de la loi du 25 février 1901.

Quant aux amendes pénales, elles sont majorées de 30 décimes par l'article 41 de la loi du 22 mars 1924 (V. *infra*, n° 829-1).

759. Légataire devenu majeur. Responsabilité du tuteur. — Dans le cas où un légataire n'est devenu majeur qu'après l'expiration du délai légal des déclarations, le tuteur est, seul, passible de l'amende de retard et cette pénalité progressive cesse de s'accroître à partir du jour où ce légataire a atteint sa majorité (Solut. 15 septembre 1919, *Instr. Enreg.* 3670-26).

761. Père administrateur légal. — Conformément aux principes mis en lumière, p. 484 du *Traité*, la Cour de cassation décide que le père administrateur légal représente, comme le tuteur, ses enfants mineurs et a seul qualité pour déclarer une succession qui leur est échue ; par suite, qu'il encourt personnellement la pénalité du retard, pour défaut de déclaration dans le délai légal (Cass. req. 11 février 1925, D. P. 1927. 1. 17, *Instr. Enreg.* 3872-5).

768. Demande en remise des pénalités. Compétence. — Aux termes d'un décret du 19 janvier 1926 (D. P. 1926. 4. 76, *Instr. Enreg.* 3888), le pouvoir de statuer sur les demandes en remise des amendes, droits ou demi-droits en sus encourus par les redevables, est conféré, quelle que soit la nature des droits, au directeur général, lorsque les pénalités n'excèdent pas 40.000 francs, et aux directeurs dans tous les cas où elles ne dépassent pas 10.000 francs. Toutefois, dans le but d'uniformiser la répression de la fraude, il demeure entendu que les pétitions tendant à la remise des amendes variables édictées par la loi du 18 avril 1918 en matière d'ouverture irrégulière de coffres-forts, seraient, quel que soit le chiffre de l'amende, transmises à la direction générale de l'Enregistrement (même *Instruction*, p. 2).

784. Décimes des droits en sus et doubles droits. — Question traitée, *suprà*, n° 749-2.

794. Omissions. Présomptions de fait. — La preuve de l'omission de récoltes de vin dans une déclaration de succession peut être établie au moyen de présomptions de fait déduites de l'inventaire dressé après le décès par les agents des **Contributions** indirectes et par les déclarations faites par le défunt dans les **termes** de la loi du 29 juin 1907 (Cass. req. 16 juillet 1923, *Instr. Enreg.* 3807-6).

810. Coupons touchés par le défunt moins d'un an avant son décès. Loi du 13 juillet 1925. — Aux termes de l'article 17-1 de la loi du 18 avril 1918, les titres et valeurs dont le défunt a perçu les revenus moins de six mois avant son décès sont présumés, jusqu'à preuve contraire, faire partie de sa succession, pour le payement des droits de mutation. Ce délai a été porté de six mois à un an par l'article 46 de la loi du 13 juillet 1925 (*Instr. Enreg.* 3860-11, p. 27).

812. Présomption légale. Valeurs appartenant pour l'usu-fruit au défunt et pour la nue propriété à ses héritiers. — L'article 45 de la loi du 13 juillet 1925 est ainsi conçu :

« Est réputé, au point de vue fiscal, faire partie, jusqu'à preuve contraire, de la succession de l'usufruitier, toute valeur mobilière, tout bien meuble ou immeuble appartenant, pour l'usufruit, au défunt, et, pour la nue propriété, à l'un de ses présomptifs héritiers ou descendants d'eux, même exclu par testament, ou à ses donataires ou légataires institués, même par testament postérieur, ou à des personnes interposées, à moins qu'il y ait eu donation régulière. Sont réputées personnes interposées, les personnes désignées dans les articles 911, deuxième alinéa, et 1100 du Code civil.

« Toute réclamation de ce chef sera prescrite dans un délai de cinq ans à compter de l'ouverture de la succession. »

La présomption légale établie par ce texte a pour effet de rendre les droits de mutation par décès exigibles sur les biens dont la toute-propriété se trouvait démembrée, lors du décès de l'usufruitier dans les conditions que détermine ledit article. Les biens faisant l'objet de cette présomption doivent être ajoutés au surplus de l'hérédité pour la perception tant de la taxe successorale que du droit de mutation par décès, quelles que soient l'époque et les modalités du démembrement (acqui-sition conjointe, cession de nue propriété, immatriculation de titres, etc.). De là cette autre conséquence, c'est que les titres immatriculés au nom d'une personne pour l'usufruit et pour la nue propriété au nom de son héritier présomptif ne peuvent, à la suite du décès de l'usufruitier, faire l'objet d'un transfert ou être retirés des caisses qui en sont dépositaires que moyen-nant l'accomplissement des formalités prescrites par l'article 15 de la loi du 25 février 1901, et spécifiées n°s 871 et 898 du *Traité (Instr. Enreg. 3860-10, p. 25).*

La présomption légale ainsi établie par l'article 45 de la loi du 13 juillet 1925 n'est point irréfragable : elle cède à la preuve contraire et cesse d'être applicable lorsque le démem-brement résulte d'une donation régulière ayant déjà acquitté le droit de mutation entre vifs à titre gratuit (Même *Instr.*, p. 23). D'autre part, l'article 18 de la loi du 19 décembre 1926

(*J. off*. du 19, *Instr. Enreg.* 3937-3) décide que, si la nue propriété « provient à l'héritier d'une vente à lui consentie par le défunt », les droits de mutation à titre onéreux acquittés sur cette vente par le nu propriétaire et dont il est justifié, sont imputables sur la fraction d'impôt exigible par suite de l'application de la présomption.

829. Fraudes fiscales. Sanctions correctionnelles. Loi du 22 mars 1924. — Pour corroborer les mesures organisées en vue de la répression de la fraude par l'article 112 de la loi du 25 juin 1920, reproduit et commenté sous ce paragraphe du *Traité*, l'article 52 de la loi du 22 mars 1924 porte ce qui suit :

« S'il est établi que le contribuable a agi dans le but de se soustraire frauduleusement au payement total ou partiel des impôts, soit qu'il ait volontairement omis de faire sa déclaration dans les délais prescrits par la loi concernant l'impôt général sur le revenu, les impôts cédulaires et *l'impôt de mutation par décès*, soit qu'il ait volontairement dissimulé une part des sommes sujettes à l'impôt, il sera passible, indépendamment des sanctions fiscales établies par les lois en vigueur, d'une amende de 1.000 francs à 5.000 francs, à la condition, en cas de dissimulation, que l'insuffisance atteigne au moins 10 p. 100.

« Le tribunal pourra, dans tous les cas, ordonner que le jugement sera publié intégralement ou par extraits dans les journaux qu'il désignera et qu'il sera affiché dans les lieux qu'il indiquera, le tout aux frais du condamné, sans toutefois que les frais de la publication et de l'affichage puissent dépasser 5.000 francs. Les dispositions des six derniers alinéas de l'article 7 de la loi du 1er août 1905 seront applicables.

« L'article 463 du Code pénal pourra être appliqué.

« Préalablement à toutes poursuites, le contribuable sera mis en demeure, par lettre recommandée, de faire ou de compléter sa déclaration dans un délai qui ne pourra être moindre de quinze jours, ni excéder un mois.

« En cas d'accord, le redevable ne sera passible que de l'amende fiscale. En cas de contestation, il sera statué par la juridiction compétente.

« Les poursuites correctionnelles pourront, s'il y a lieu, être engagées, soit dès l'expiration du délai supplémentaire plus haut visé, soit, en cas de déclaration contestée, dès la décision de la juridiction compétente. »

1. *Décimes des amendes pénales.* — Les amendes pénales prononcées par les cours et tribunaux comportent l'adjonction de 30 décimes, en vertu de l'article 41 de la loi du 22 mars 1924. Par conséquent, l'amende de 1.000 à 5.000 francs édictée contre les fraudes fiscales par l'article 52 de la même loi, transcrit sous le numéro précédent, s'élèvent en réalité de 4.000 à 20.000 francs, ainsi que le constate l'article 140 de la *Codification* officielle du 28 décembre 1926.

2. *Complicité. Récidive.* — L'article 53 de la loi du 22 mars 1924 frappe des mêmes sanctions correctionnelles les complices des délits spécifiés dans l'article 52, indépendamment des sanctions disciplinaires, s'ils sont officiers publics ou ministériels. Enfin, en cas de récidive, dans le délai de cinq ans, le contribuable encourt, aux termes de l'article 8 de la loi du 4 avril 1926 (D. P. 1926. 4. 145), une amende de 1.000 à 100.000 francs (4.000 à 400.000 francs avec les 30 décimes) et un emprisonnement d'un à six mois, sans préjudice, le cas échéant, de l'affichage et de la publicité du jugement (*Instr. Enreg.* 3901-2).

L'Administration fait remarquer, dans son *Instruction* n° 3810, que ces mesures ne portent aucune atteinte aux dispositions d'ordre fiscal qui frappent actuellement les déclarations hors délai, omissions et dissimulations. C'est, du reste, ce que décide l'article 51-1° de la loi du 22 mars 1924.

832 et suiv. Nouvelle procédure de l'expertise. Lois du 22 mars 1924 et du 13 juillet 1925. — Les dispositions combinées de l'article 29 de la loi du 22 mars 1924 et des articles 57 à 61 de la loi du 13 juillet 1925 ont profondément modifié à un double point de vue la procédure de l'expertise, précédemment réglée par l'article 5 de la loi du 27 février 1912 (D. P. 1912. 4. 20) et résumées sous le paragraphe 853 du *Traité* : ils en étendent l'application et ils en simplifient la mise en œuvre.

Désormais, en vertu de l'article 57 de la loi du 13 juillet 1925, l'expertise pourra être requise par l'Administration, non seulement pour les transmissions par décès d'immeubles et de fonds de commerce, mais encore en matière de mutations à titre gratuit de navires ou de bateaux. Les agents ne doivent rien négliger pour aboutir à un accord amiable, suivant le vœu de l'article 39 de la loi du 22 mars 1924 et de l'*Instruction* 3810. En cas d'insuccès de cette tentative, la demande en expertise est introduite par simple requête à la section du tribunal civil départemental dans le ressort de laquelle les biens sont situés, s'il s'agit d'immeubles ou de fonds de commerce, ou immatriculés s'il s'agit de navires et de bateaux. Le délai dans lequel cette requête doit être présentée est de deux ans à compter du jour de la déclaration : d'après l'article 241 de la Codification de 1926, ce même délai s'appliquerait aux fonds de commerce transmis par décès; mais l'*Instruction* réglementaire du 15 juillet 1925, n° 3860, décide, en sens inverse, que le délai de six mois fixé par l'article 58 de la loi précitée pour les ventes de fonds de commerce doit être observé « toutes les fois qu'il s'agira d'un fonds de commerce, *quelle que soit la nature de la transmission* ».

L'expertise doit être ordonnée dans le mois de la demande; il y est procédé par un expert unique, nommé par le tribunal en chambre du conseil. Cet expert est soumis à l'obligation du serment (*Instr. Enreg.* précitée, p. 46). Si les parties ou l'Administration n'acceptent pas les conclusions de l'expert, il est procédé à une contre-expertise, sur requête de la partie la plus diligente, présentée au tribunal civil et notifiée, sous peine de déchéance, à la partie adverse, dans le mois qui suit la notification que fera le greffier, par lettre recommandée, du dépôt du rapport du premier expert au greffe du tribunal. La contre-expertise est ordonnée dans les mêmes conditions et suivant les mêmes formes que la première expertise; elle peut toutefois, si l'une des parties le requiert expressément, être confiée à trois experts, nommés comme l'expert unique, par le tribunal en chambre du conseil. Le procès-verbal d'expertise ou de contre-expertise est rapporté dans les trois mois de la remise aux experts de la décision qui les a nommés.

Il est statué sur l'expertise ou la contre-expertise par le tribunal jugeant en matière sommaire.

1. *Sanctions des insuffisances.* — L'article 60 de la loi du 13 juillet 1925 règle ainsi qu'il suit les sanctions applicables aux insulfisances constatées par l'expertise :

« Si l'expertise révèle une insuffisance et si cette insuffisance est égale ou supérieure au huitième du prix exprimé ou de la valeur déclarée, les parties acquittent solidairement, savoir :

« 1o Le droit simple sur le complément d'estimation ;

« 2o Un droit en sus, si l'insuffisance est reconnue amiablement avant le dépôt, au greffe du tribunal, du rapport de l'expert, et un double droit en sus dans le cas contraire ;

« 3o Les frais de l'expertise.

« Aucune pénalité n'est encourue et les frais de l'expertise restent à la charge de l'Administration lorsque l'insuffisance est inférieure au huitième du prix exprimé ou de la valeur déclarée, *toutes compensations* étant faites entre les diverses expertises. »

La compensation prévue, par le dernier alinéa de ce texte, pour le cas où l'expertise a été suivie d'une contre-expertise, s'opère, en additionnant les chiffres des diverses estimations et en prenant la moyenne. Si cette moyenne est inférieure au huitième, la pénalité n'est pas due et les frais restent à la charge de l'Administration. Mais il est bien entendu que ce mode de procéder ne s'applique qu'aux pénalités et aux frais (*Instr.* 3860-18, p. 48). Pour les décimes du droit en sus ou du double droit, V. *suprà*, no 749-2.

2. *Abrogation des lois antérieures.* — L'article 61 de la loi du 13 juillet 1925 abroge les lois antérieures, en ce qu'elles ont de contraire à ses dispositions, à l'exclusion de celles qui visent les omissions et dissimulations. Ainsi, dans le cas où l'insuffisance d'évaluation affecte le caractère d'une dissimulation frauduleuse, le double droit en sus reste exigible, conformément à l'article 12 de la loi du 8 avril 1910 (D. P. 1910. 4. 105), même si l'insuffisance reconnue ou constatée est inférieure au huitième de la valeur déclarée (*Instr.* sus-visée, p. 48.) — Conf. *Traité*, no 851, p. 547.

865. Détenteurs de titres. Obligations étendues aux Administrations. Loi du 4 avril 1926. — Les obligations imposées aux sociétés, agents de change, changeurs, banquiers, escompteurs, officiers publics ou ministériels ou agents d'affaires, détenteurs ou débiteurs de titres, sommes ou valeurs héréditaires, par l'article 15, §§ 3 et 4, de la loi du 25 février 1901 (V. n°ˢ 865 à 880) ont été étendues aux Administrations publiques par l'article 33 de la loi du 4 avril 1926. Cette prescription est devenue exécutoire, dès la promulgation de ladite loi, quelle que soit la date d'ouverture de la succession dont dépendent les titres, sommes ou valeurs héréditaires faisant l'objet d'un payement, d'une remise ou d'un transfert (*Instr. Enreg.* 3901-7). Rappelons que les receveurs de l'Enregistrement sont déjà tenus, en vertu d'une décision du ministre du 1ᵉʳ juillet 1913, de faire au service des Mines intéressé le renvoi de toute déclaration de succession dans laquelle figurerait une concession minière (*Instr. Enreg.* du 23 décembre 1926, n° 3927-4).

880. Sujets russes décédés en France. — L'accord diplomatique servant de base à la décision du 13 novembre 1905 ayant été dénoncé le 19 mai 1921 (*J. off.* du 19 mai, p. 5890), cette décision doit être tenue pour rapportée à compter de la même date (*Instr.* 3700-26).

888-1ᵒ. Coffre-fort en location. Ouverture. Papiers litigieux. Obligation du notaire. — Lorsque le notaire qui procède, à la suite d'un décès, à l'ouverture d'un coffre-fort loué par le défunt dans un établissement de crédit, trouve, dans ce coffre, à défaut d'argent et de valeurs de bourse, des documents dont les parties refusent la communication à l'agent de l'Administration, il appartient à ce notaire, sous peine des sanctions prévues par l'article 3 de la loi du 18 avril 1918, de mettre les papiers litigieux à l'abri de toute atteinte, de dresser procès-verbal et d'en saisir sur le champ, par la voie d'un référé, le président du tribunal (Cass. req. 23 mai 1927, D. H. 1927, n° 22, p. 335).

889. Ouverture des coffres-forts en location. Avis obligatoire. Loi du 30 juin 1923. — Modifiant les règles exposées sous ce paragraphe du *Traité*, en ce qui concerne l'ouverture des coffres-forts dont le défunt était locataire, l'article 16 de la loi du 30 juin 1923 impose au notaire chargé d'instrumenter l'obligation d'aviser le directeur départemental de l'Enregistrement, par lettre recommandée, trois jours francs à l'avance, des lieu, jour et heure de l'ouverture du coffre-fort en location : l'agent désigné par le directeur pour assister à cette opération doit en suivre toutes les phases ; il prend une note détaillée de tous les titres, sommes ou objets contenus dans le coffre ; il n'a pas à signer le procès-verbal. Le notaire qui procède à l'ouverture d'un coffre-fort en location, sans en avoir prévenu le directeur, encourt les sanctions prononcées par l'article 3 de la loi du 18 avril 1918 (D. P. 1918. 4. 137) et spécifiées sous l'article 892 du *Traité*. Ces prescriptions de la loi du 30 juin 1923 ne visent pas le bailleur du coffre-fort et n'aggravent pas ses obligations (*Instr. Enreg.* 3784).

910. Payement des droits en rentes et autres valeurs du Trésor. Loi du 3 août 1926. — Aux termes de l'article 20 de la loi du 3 août 1926 (D. P. 1926. 4. 297), le payement de la taxe successorale et du droit de mutation par décès peut avoir lieu en rentes sur l'État, valeurs du Trésor et bons de la Défense nationale, à partir du 1er janvier 1927. La valeur de reprise de ces divers titres a été fixée par décret du 29 décembre 1926 (*J. off.* du 31 décembre, *Instr. Enreg.* 3932). Toutefois, les titres nominatifs ne sont acceptés en payement que s'ils sont immatriculés soit au nom du défunt, soit au nom du redevable (article 2 du décret précité).

1. *Versement du produit de l'impôt à la Caisse d'amortissement de la dette publique.* — D'après l'article 19 de la loi du 3 août 1926, l'article 6 de la loi du 7 août 1926 (*J. off.* du 8 août) et la loi constitutionnelle du 10 août suivant (*J. off.* du 11 août 1926), toutes les recettes effectuées, à partir du 1er janvier 1927, au titre de la taxe successorale et des droits de mutation par décès, y compris les pénalités, les intérêts sur

les droits différés ou fractionnés et les intérêts moratoires, doivent être versés à la Caisse autonome de gestion des bons de la Défense nationale et d'amortissement de la Dette publique (*Instr. Enreg.* 3932).

929. Privilège du Trésor. Immobilisation des revenus. — Sanctionnant notre interprétation, la Cour de cassation a jugé que, lorsqu'à la suite de la saisie pratiquée contre les héritiers sur les immeubles dépendant d'une succession, des ordres ont été ouverts sur le prix d'adjudication, la Régie, créancière des droits simples de mutation par décès, ne peut être colloquée par privilège, avant les créanciers hypothécaires, sur les intérêts du prix de vente échus et immobilisés depuis le jour de la transcription de la saisie, jusqu'à celui de la transcription du jugement d'adjudication (Cass. civ. 25 octobre 1922, *Instr.* 3764-3).

943 et suiv. Instances. Procédure. — Compte tenu des modifications introduites dans la compétence territoriale des tribunaux de première instance et leur dénomination officielle, par le décret du 3 septembre 1926 (*J. off.* du 7 septembre, D. B. L. 1926, p. 548) et par la circulaire du garde des sceaux du 29 septembre suivant (*J. off.* du 30 septembre 1926, D. B. L. p. 620), il faut poser en règle que l'instance liée, en matière d'enregistrement, soit par l'opposition du redevable, soit par une assignation en restitution, doit être portée devant la section du tribunal civil départemental dans le ressort de laquelle est établi le bureau d'enregistrement d'où émane la contrainte ou qui a encaissé les droits sujets à restitution. Actuellement, d'après l'article 7 de la loi du 30 avril 1921 (D. P. 1922. 4. 153, *Instr. Enreg.* 3690), le contribuable a le droit de présenter, par lui-même ou par le ministère d'un avocat inscrit au tableau, des explications orales en cours d'instance : la même faculté appartient à l'Administration.

956. Testament découvert depuis la déclaration. Dissimulation frauduleuse. Non-restitution des droits. — Lorsqu'une veuve, après avoir obtenu l'envoi en possession du legs

universel fait à son profit par sa fille, a compris dans la déclaration de ce legs des immeubles que la testatrice avait recueil-
lis dans la succession de son père, elle ne saurait invoquer,
pour se soustraire aux résultats de l'expertise requise par
l'Administration et réclamer la restitution des droits acquittés
sur lesdits immeubles, un testament olographe de son mari,
découvert depuis la déclaration, l'instituant sa légataire universelle, dès l'instant où les circonstances de la cause laissent
présumer qu'en réalité l'intéressée n'a ignoré, à aucun moment,
l'existence de ce testament et qu'elle l'a laissé dans l'ombre en
vue notamment d'atténuer le montant de l'impôt (Cass. req.
20 octobre 1926, *Rec. quest. fisc.* 1927, p. 71). La solution
admise par cet arrêt, étant motivée en fait, ne doit pas être
généralisée; elle ne porte aucune atteinte au principe suivant
lequel les droits de mutation par décès acquittés par un suc-
cessible deviennent restituables, lorsqu'il est découvert depuis
la déclaration un testament qui l'écarte de l'hérédité.

1000. Prescription biennale. — L'enregistrement d'un acte
de vente d'immeuble dépendant d'une succession fait courir
la prescription biennale à l'égard des droits afférents à cet
immeuble, omis dans la déclaration de succession, pourvu
toutefois que l'acte contienne l'origine de propriété et ait été
enregistré à une époque où le droit était immédiatement exigible (*Instr.* 3755-21).

**1009. Inexactitude des déclarations de passif. Prescrip-
tion de dix ans.** — Lorsque les héritiers ont compris, à tort,
dans le passif déclaré par eux, une dette présumée éteinte par
suite de la péremption d'une inscription, qu'ils ont omis d'in-
diquer et que des recherches ultérieures ont fait connaître,
l'action du Trésor en recouvrement des droits exigibles par
suite de cette déduction indue de la dette n'est soumise qu'à
la prescription décennale (Cass. civ. 28 novembre 1923, *Instr.
Enreg.* 3839-6).

**1012. Versement d'un acompte. Remboursement. Pres-
cription applicable.** — Lorsqu'une somme versée à titre de

provision, sans déclaration, dépasse le montant des droits exigibles, le remboursement de cet excédent est soumis, non à la prescription de deux ans, mais seulement à la déchéance quinquennale (*Solut. Enreg.* 27 décembre 1920, *Instr.* 3670-30).

1021. Interruption des prescriptions. — En ce qui concerne l'action du Trésor, l'Administration décide que le dépôt d'une pétition en remise ou le versement d'un acompte ont pour effet de substituer la prescription trentenaire à la prescription biennale (*Instr. Enreg.* 3755-21).

1043 et suiv. Algérie. — Depuis les décrets organiques du 29 décembre 1919 (D. P. 1919. 4. 320) et du 18 janvier 1920 (D. P. 1920. 4. 31) commentés sous les paragraphes 1043 et suivants du *Traité*, le régime fiscal des mutations par décès en Algérie a été modifié ou plutôt complété à certains égards, dans le but de mettre ce statut en harmonie avec les changements introduits dans la législation métropolitaine. Parmi les décrets intervenus en ce sens, on citera : le décret du 15 décembre 1924 (*J. off.* des 26 et 27 décembre, D. B. L. 1924, p. 745) autorisant la perception en Algérie, à partir du 1er janvier 1925, d'un décime additionnel; — le décret du 27 novembre 1925 (D. P. 1926. 4. 45), visant l'application de l'article 21 de la loi du 30 juin 1923 et tendant à élargir les bases d'évaluation des immeubles transmis à titre gratuit, entre vifs ou par décès; — le décret du 19 mai 1926 (D. P. 1926. 4. 175), portant à un an le délai pour le payement des droits de mutation par décès, lorsque le défunt était domicilié dans les territoires du sud de l'Algérie; — enfin, le décret du 13 décembre 1926 (*J. off.* du 22 décembre 1926, D. P. 1927. 4. 207), qui a homologué la décision de l'assemblée plénière des délégations financières algériennes, en date du 11 juin 1926, étendant à l'Algérie maintes dispositions de la loi du 13 juillet 1925, entre autres celles de ses articles 45, 46, 50, 52 et 55, analysés ci-dessus. D'après des informations puisées à bonne source, la loi du 3 août 1926 n'aurait encore exercé aucune répercussion sur les tarifs indiqués p. 712 du *Traité;* mais, au dernier moment, nous apprenons que les délégations financières se sont réunies pour envisager des modifications de tarifs non sans importance, pour 1928. Le décret qui homologuera cette délibération sera vraisemblablement publié au *Journal officiel,* en décembre 1927.

IMPRIMERIE DE LA JURISPRUDENCE GÉNÉRALE DALLOZ